AF247166

A MESSIEURS

LES HONORABLES DÉPUTÉS

DES DÉPARTEMENS,

A PARIS.

Messieurs,

Le sieur Labourey, habitant à Saint-Géniés, près Marseille, persuadé que tout ce qui intéresse la Nation Française mérite l'attention de ses Députés, ose entreprendre de les détourner de leurs fonctions importantes, pour attirer leurs regards sur une découverte qu'il croit destinée à fixer beaucoup d'incertitudes et à détruire d'innombrables abus.

Cette découverte, qu'il soumet à la sagesse de la Chambre, est le fruit de vingt-cinq années de travaux et d'expériences; elle intéresse l'homme de toutes les classes et de tous les âgs.

1

Depuis des siècles la Médecine, arrêtée par de vains systèmes, avait laissé l'art de guérir dans un état d'incertitude désespérant; cette science qui est le partage d'une classe d'homme qui en fait son patrimoine exclusif, semblait, selon quelques auteurs, avoir suivi des progressions décroissantes, et tandis que toutes les autres s'élançaient avec orgueil vers leur apogée, la plus précieuse pour l'homme, enveloppée dans les langes de la routine, menaçait de se traîner dans une enfance perpétuelle.

Convaincu de cette affligeante vérité, le sieur Labourey, mu par le noble désir d'être utile à l'espèce humaine, parvint, en se fondant sur ce principe de plusieurs savans observateurs : *qu'e toutes les maladies ont une cause unique*, à trouver des remèdes dont le succès a dépassé ses espérances.

Ce n'est pas sur les bancs de l'école qu'il a étudié la science ; c'est en se rapprochant de la thérapeutique naturelle des sauvages et des animaux, qui indique si bien à l'homme que c'est dans la plante modeste, préparée par la terre, que se trouve le remède à ses maux, que le sieur Labourey est parvenu à composer, du seul produit de la végétation, des *Poudres*, auxquelles il a donné le nom d'*Epuratives*, parce qu'elles épurent le sang en fondant et expulsant toutes les humeurs surabondantes, qui produisent seules les maladies.

Ces Poudres, ainsi qu'il est dit au Mémoire qui est joint à la présente pour lui servir d'appui, ont l'avantage précieux d'être de la plus grande douceur, très efficaces et rafraîchissantes ; étant d'ailleurs parfaitement en harmonie avec l'organisation et les fonctions de l'économie animale, qu'elles ne troublent jamais, quelles que soient les circonstances critiques existantes et la position morbide du malade : enfin elles sont pour la nature le plus puissant auxiliaire qu'on puisse lui offrir pour l'aider à vaincre ses embarras et ses crises, puisque non seulement elles dissipent et font cesser les *maladies récentes* de toute espèce, en peu de temps, sans convalescences et sans qu'elles dégénèrent en maladies chroniques, ce qui ferait presque dire que l'extirpation des souffrances humaines n'est plus un problème à résoudre; mais qu'elles guérissent

encore plus des trois quarts des *maladies chroniques*, ou anciennes, invétérées, rebelles, héréditaires et incurables.

Ce résultat, garanti par des milliers de cures successives, lui donna le
courage de soumettre ses découvertes à l'approbation du Gouvernement,
et par une lettre qu'il adressa à M. le Préfet des Boûches du Rhône, le
6 septembre 1827, il pria ce fonctionnaire de les faire connaître à son
Excellence le Ministre de l'Intérieur. M. le Préfet, dans sa réponse, lui
indiqua la loi du 18 août 1810, et la marche qu'il avait à suivre. Le 24
novembre de la même année, le pétitionnaire s'adressa directement à
son Excellence, témoignant le désir que le secret fût gardé sur ses formules et compositions, ne voulant pas se dessaisir encore de leur propriété, et il reçut, par les intermédiaires successifs de M. le Préfet, M. le
Maire et le Commissaire de police la réponse ministérielle, conçue en ces
termes : *Le sieur Labourey ne doit rien craindre pour le secret de ses
formules, qui seront transmises à l'Académie, sous l'enveloppe cachetée
dans laquelle il en fera l'envoi au Ministre.* Cette réponse ne donnant
aucune garantie au pétitionnaire pour le secret de ses formules, après
l'examen de l'Académie, il supplia de nouveau son Excellence de lui
donner l'assurance que ses compositions ne seraient pas divulguées,
quel que fût l'avis de la commission ; et vers la fin d'avril 1828, on lui
transmit, par les mêmes intermédiaires, la décision suivante : *Puisque
le sieur Labourey ne veut pas que ses compositions soient rendues publi-
ques, il est inutile de les faire examiner par l'Académie de médecine.*

La réponse de M. le Préfet et les décisions ministérielles, se fondant
toutes sur la loi du 18 août 1810, le sieur Labourey croit nécessaire,
Messieurs, d'appeler sur elle l'attention de la Chambre législative. Cette
loi, à laquelle il eût désiré de se conformer, lui paraît assez difficile à
exécuter : d'abord, elle révoque les permissions données à des inven-
teurs par le décret du 14 juin 1805, de distribuer des remèdes approuvés
par le Gouvernement et d'en établir des entrepôts. Elle ordonne ensuite qu'à l'avenir toutes les découvertes médicales seront adressées à
son Excellence le Ministre de l'Intérieur, pour être examinées par
une commission nommée à cet effet ; elle exige, avec la recette des
compositions, une notice sur les maladies qu'elles guérissent et sur les

(4)

expériences déjà faites. Ainsi, d'un côté, elle défend pour l'avenir toute
expérience de remèdes nouveaux ; et de l'autre, elle demande la note
des propriétés des découvertes qui sont encore un secret pour la médecine , et le résultat des expériences supposées faites.

Les honorables Députés verront aisément que cette loi semble
impliquer contradiction ; car , en même temps qu'elle demande
la communication d'une découverte à laquelle l'expérience peut seule
donner une consistance certaine, elle interdit à l'inventeur le moyen de
faire les expériences nécessaires avant l'examen de son remède. L'effet
naturel de cette loi a été de frapper de mort toute découverte médicale.
Ce ne fut pas sans doute l'intention qui la dicta ,et l'on peut croire que
le décret du 18 août 1810 ne fut qu'une loi de circonstance.

Tel est, Messieurs, l'abus que le sieur Labourey ose signaler à la
Chambre des Députés, en lui offrant l'hommage d'une découverte ,
qu'il est fier de pouvoir présenter à la France.

L'intention du législateur, dans la loi précitée, fut d'arrêter le char-
latanisme dangereux, et de rendre publics les bons remèdes tenus se-
crets ; mais le cas où l'inventeur d'un remède reconnu bon, ne voudrait
pas se dessaisir encore de sa propriété, n'a pas été prévu, et c'est celui dans
lequel le sieur Labourey se trouve placé ; il désire que ses découvertes
soient examinées , et qu'on en fasse l'expérience sur toutes les maladies : il déposera, s'il est nécessaire , le secret de ses compositions ,
mais il ose demander qu'après le succès, on lui accorde, avec un bre-
vet d'invention , le privilége d'établir dans toute la France des entrepôts
de *Poudres épuratives,* qu'il sera seul chargé d'alimenter pendant toute
la durée de son privilége. En un mot, Messieurs , il désire qu'on fasse
revivre en sa faveur les dispositions de l'article premier du décret du 14
juin 1805, qui . dans sa dernière partie, promet à l'inventeur d'un bon
remède le secret de sa composition , et lui en garantit la libre distri-
bution.

Une autre grave difficulté , qui naît de la même loi, c'est qu'elle laisse
à une commission médicale le pouvoir exclusif de décider, sans appel ,
sur la bonté ou le danger des nouvelles découvertes. L'expérience nous
a prouvé que cette disposition de la loi n'a pas toujours produit d'heu-

reux résultats. Faut-il que le pétitionnaire dévoile ici sa pensée tout entière ? Il craint qu'il n'existe des circonstances dans lesquelles l'intérêt des médecins demande qu'on ne propage pas des bons remèdes, qui diminueraient peut-être l'ascendant qu'ils ont obtenu sur la société, en affaiblissant la source de leurs richesses. En effet, que deviendrait la médecine dogmatique, si la nature, se révélant à quelque mortel privilégié, lui donnait un moyen simple de guérir les maux de l'humanité sans le secours des enfans d'Esculape, si chaque homme pouvait se débarrasser de ses infirmités sans aucun secours étranger ? Ce moment est venu, le moyen qui doit obtenir ces heureux résultats est trouvé; mais il est à craindre que les médecins eux-mêmes ne s'efforcent d'anéantir une découverte qui menace leurs intérêts et leur amour-propre d'une ruine certaine. Cette crainte, fondée sur des faits qu'il serait trop long de citer ici, fait que le sieur Labourey demande que ses remèdes soient examinés par d'autres que par la Commission médicale. On pourra lui objecter, qu'il n'y a que les hommes de l'art qui puissent être chargés d'un pareil examen, puisque seuls ils possèdent les connaissances nécessaires pour cela. Mais, dans le cas dont il s'agit, cette objection s'évanouira lorsque, par la simple lecture de son Mémoire, on acquerra la conviction que chaque individu pourra, avec les instructions qu'il renferme, être son propre médecin et celui des autres.

Le pétitionnaire, confiant en la sagesse de la Chambre élective, ose espérer qu'elle daignera accueillir sa demande avec la même sollicitude qu'elle attache à tout ce qui est propre à devenir utile à la France; il ose encore attendre de la justice du Ministère qu'il ne refusera pas sa protection aux précieuses découvertes qu'on lui propose, et qu'il accordera à l'inventeur la récompense que son travail et le mérite de ses compositions semblent lui promettre. Cette récompense, qu'il désire obtenir du Gouvernement français, elle lui serait offerte chez une autre nation, qui lui donnerait de l'or en échange; mais il est trop ami de son pays pour le frustrer du fruit de son travail; et le privilége qu'il demande n'est qu'un moyen de prévenir les falsifications qui discréditeraient ses remèdes, en portant atteinte à la réputation de l'inventeur. Cette crainte n'est pas sans fondement, et personne n'ignore qu'il est des hommes pour lesquels la perpétuité des souffrances humaines fut toujours un objet de spéculation ; car, en 1774, des hommes , qu'il est difficile de qualifier, ont discrédité le remède universel en le *falsifiant* , et c'est pour prévenir ces abus, que l'ordonnance royale du 15 mars 1772 avait permis à l'auteur d'établir des entrepôts de son remède dans toute la France , chez telles personnes qu'il lui plairait de choisir.

Mais une Chambre législative , entourée des respects de la France ; un Ministère , ami de son pays ; un Roi, dont le premier sentiment et le premier désir sont le bonheur du peuple : tout contribue à donner au pétitionnaire l'espoir qu'on daignera avoir égard à sa demande , et qu'on y fera droit.

Dans cette attente , Messieurs , le sieur Labourey vous supplie humblement d'agréer l'expression sincère de son profond respect.

A Saint-Géniés , le 21 février 1829.

LABOUREY, Chimiste.

MÉMOIRE

CONCERNANT LES DÉCOUVERTES MÉDICALES

Du sieur LABOUREY,

HABITANT A SAINT-GÉNIÉS, PRÈS MARSEILLE.

Quoique je me sois imposé l'obligation de me renfermer dans le plus rigoureux laconisme, afin de ne pas fatiguer ceux qui doivent lire ce Mémoire, je parlerai cependant de la cause des maladies que j'ai prise pour base de mes recherches. Cette cause, je l'ai vue avec plusieurs auteurs dans le fluide humoral, parce que les humeurs étant, comme toutes les matières fermentescibles, soumises à la putréfaction, sont seules la cause du développement de toutes les maladies qui affectent l'humanité.

Ce système n'est pas nouveau ; trouvé d'abord par Ailhaud et Makensie, il a reçu de nos jours plus de publicité, quoiqu'il soit exclu de l'école. Partisan depuis long-temps de leur théorie, j'ai travaillé vingt-cinq années à l'appuyer sur des preuves tellement évidentes qu'elles fussent irrécusables. Ces preuves, je les ai obtenues par la composition de quelques poudres épuratives , qui , applicables à toutes les maladies, en opèrent la guérison.

Je ne viens pas entretenir la Commission de l'étalage pompeux d'un système incertain ; j'expose un fait dont tout homme pourra facilement se convaincre. Mes poudres, uniquement composées du produit de la végétation , fondent et expulsent les humeurs surabondantes ; et par les seules évacuations qu'elles procurent, dissipent et font cesser les maladies récentes de toutes espèces, en peu de temps , sans convalescence, empêchant toujours qu'elles passent à l'état chronique ; elles guérissent encore plus des trois quarts des maladies anciennes , invétérées , rebelles, héréditaires, que la médecine avait regardées jusqu'ici comme incurables.

On trouvera sans doute étonnant qu'un simple particulier ait osé pénétrer dans les mystères de la médecine sans la permission de la Faculté ; mais j'ai pensé que le droit d'être utile à ses semblables, donné à chaque homme par l'éternelle bonté, n'a pas toujours besoin d'être écrit sur le parchemin que l'Ecole donne ; d'ailleurs , ne trouvant rien dans les systèmes de cette Ecole pour guérir réellement la plupart de nos maux, j'ai dû m'écarter de ses brillantes théories, pour chercher ailleurs, c'est-à-dire dans la nature et le bon sens , des moyens curatifs plus efficaces et plus assurés.

L'instinct admirable des animaux m'avait montré que la terre produisait pour tous les êtres qui l'habitent , des plantes salutaires, dont les effets constans étaient de leur rendre la santé en évacuant leurs humeurs, je conclus de là que le système de l'auteur du remède universel était celui que la médecine et le bon sens devaient suivre : ma conviction est devenue plus intime , lorsqu'avec mes compositions épuratives ou purgatives, j'ai guéri des milliers d'individus atteints de toutes les maladies qui affligent l'espèce humaine, toujours en épurant le sang ou évacuant les humeurs.

D'ailleurs, en médecine, ce n'est que par des faits matériels de guérison qu'on peut fournir la preuve qu'un remède est bon ; on trouvera cette preuve dans l'application de mes poudres à toutes les maladies.

Je diviserai mon Mémoire en quatre chapitres : le premier contiendra l'exposé de ma découverte, je parlerai de la manière de prendre mes poudres et des doses qui conviennent, et du régime a observer ; j'expliquerai la manière de traiter les maladies récentes dans le second, et les maladies chroniques dans le troisième ; enfin je donnerai dans le quatrième des modèles de traitement qui seront suivis de quelques guérisons des plus remarquables.

CHAPITRE PREMIER.

Poudres épuratives , doses qui conviennent à chaque individu , et manière de les prendre.

Ces poudres, uniquement composées du produit de la végétation , se conservent un grand nombre d'années, sans rien perdre de leurs vertus ; mais il faut les tenir à l'abri de l'humidité, qui est l'agent de la fermentation et de là destruction des végétaux.

Leurs vertus principales sont la douceur et l'efficacité. Leur douceur est si évidente qu'on peut les donner, sans le moindre inconvénient, sans craindre la superpurgation, et sans que les circonstances critiques ou la position morbide du malade puissent être un obstacle. On peut les donner en présence des menstrues ou règles, dans les jours de crise appelés critiques, pendant la grossesse, l'accouchement, et ses suites ; dans le rhume, la toux, le catarrhe, la pleurésie, la péripneumonie, la phthysie, enfin dans toutes les affections possibles. Elles sont rafraîchissantes, parce qu'elles enlèvent ou expulsent les matières acrimonieuses et brûlantes ; elles peuvent être données sans danger dans toutes les maladies, plusieurs fois en peu de temps et même en peu d'heures, selon que le danger l'exige, ou que les jours du malade sont exposés , comme dans le cas d'apoplexie (séreuse ou sanguine), de paralysie, dans ceux de rechutes de maladies, de douleurs insupportables de goutte, de rhumatisme, de sciatique et autres ; dans les coliques, les convulsions, le délire, la suffocation, les maladies épidémiques, contagieuses, pestilentielle, etc. ; enfin, quelquefois elles calment, sans produire ni selles ni évacuations, quel que soit le nombre de doses nécessaire pour obtenir ce calme, ou pour sortir le malade de danger.

Doses qui conviennent à chaque individu.

Mes doses portent les numéros 1 et 2 : les doses n° 1 conviennent à tous les tempéramens ordinaires ; et l'on n'en donne qu'un tiers, la moitié ou les trois quarts aux personnes délicates, faibles, ou épuisées par maladie ou autrement.

Les doses n° 2 sont destinées aux personnes fortes et robustes, aux artisans, agriculteurs, marins, et à tous ceux qui se nourrissent d'alimens grossiers, salés, poivrés, vinaigrés, et à tous les tempéraments difficiles à émouvoir ou à venir du corps.

Chaque fois qu'une dose ne procurera pas quatre ou cinq selles, on l'augmentera ainsi qu'il suit :

1° du quart de la dose donnée, lorsque cette dose n'est qu'une fraction du n° 1.

2° Lorsque la dose entière n° 1 ne produit pas les quatre ou cinq selles indiquées, on l'augmente d'une demie-dose.

3° Si cette dose et demie ne produit pas l'effet désiré, on passe de suite au n° 2.

Tous les tempéramens forts ou robustes doivent commencer par le n° 2.

Il est rare que cette dernière dose ne purge pas suffisamment ; néanmoins, lorsque le cas arrive, on doit l'augmenter d'un quart de dose, et ainsi de suite, tant que l'augmentation ne produit pas les quatre ou cinq évacuations.

Pour que la purgation soit suffisante, il faut que toutes les matières évacuées, en y comprenant les urines, soient environ de deux kilogrammes.

La dose pour les enfans est d'un quart du n° 1 jusqu'à deux ans, d'un tiers de deux à quatre, de la moitié de quatre à huit, des trois quarts de huit à douze ; après cet âge on peut administrer la dose entière.

Il est beaucoup d'enfans dont la constitution trop forte exige une dose plus considérable pour être suffisamment purgés. Ceux, par exemple, dont les humeurs sont entachées d'un vice ou d'un virus quelconque, car j'en ai souvent rencontré, dans les âges de trois à douze, qui n'ont pu être guéris qu'en prenant constamment une dose et demie n° 2, et quelquefois deux doses.

Manière de prendre les doses.

On prépare un verre d'eau tiède sucrée, on détrempe la poudre dans une tasse ordinaire, avec une cuillerée d'eau tiède ou froide, ou bien avec l'eau sucrée qu'on vient de préparer ; on remue le tout avec la queue d'une cuillère, jusqu'à ce que ce mélange devienne une pâte épaisse, qu'on rend plus claire en y ajoutant peu à peu de la même eau jusqu'à moitié tasse, plus ou moins. Le mélange doit être avalé aussitôt qu'on cesse de l'agiter, immédiatement après on doit boire le verre d'eau sucrée.

On peut indifféremment remplacer le verre d'eau sucrée par un bouillon gras ou aux herbes, par un bol de café au lait, par des crèmes légères et très-claires, de riz, d'orge, d'avoine, etc...

Lorsque le malade a pris le remède, il reste une heure et demie ou deux heures sans rien prendre ; cependant il pourra boire, s'il y a eu trois ou quatre évacuations avant le temps prescrit, ou si une maladie inflammatoire en fait sentir le besoin ; lorsque l'heure et demie ou les deux heures sont passées, le malade pourra boire toutes les demi-heures, pendant trois ou quatre fois, un verre d'eau panée, un peu chaude et légèrement sucrée.

Les personnes faibles ou délicates pourront prendre un bouillon au lieu du second verre d'eau panée, quand même elles en auraient pris déjà un avec le remède.

Demi-heure après le troisième ou quatrième verre de boisson, on peut manger sans inconvénient ; on doit même prendre une soupe avec un peu de bouilli (*Voyez Régime ordinaire*, page 13.).

Observations.

Immédiatement après que le malade a mangé, il peut sortir et vaquer à ses occupations ordinaires ; mais, s'il fait brouillard et qu'il pleuve ou que le vent souffle, il aura soin de n'y pas demeurer trop exposé ; il devra autrement être chaudement vêtu.

Le matin est le moment le plus favorable pour prendre les poudres ; néanmoins on peut les donner à toute heure du jour ou de la nuit, pourvu qu'on n'ait pas mangé depuis au moins trois ou quatre heures, en se guidant à cet égard sur la nature et la qualité des alimens qu'on a pris.

Pendant les chaleurs de l'été, on doit donner la poudre aussi matin qu'il est possible, afin de profiter de la fraîcheur, et le malade ne doit rester couché que lorsque le mal l'y contraint ; car la chaleur du lit pourrait retarder et même arrêter l'effet du remède. Pendant l'hiver, il faut éviter de se refroidir lorsqu'on va à la garde robe.

Après les premières évacuations, le malade doit éviter de se livrer au sommeil. On doit le changer lorsqu'il sue avant de prendre la poudre ; on doit le changer avec du linge chaud lorsque cela arrive pendant la purgation : ce cas est d'ailleurs très-rare.

On évitera de toucher de l'eau froide pendant la purgation ; dans l'hiver on lavera ses mains à l'eau chaude ou tiède.

Les lavemens peuvent être d'une grande utilité pour faciliter les évacuations alvines ; on pourra les prendre d'eau chaude seulement ou de décoction de plantes émollientes ordinaires, avant, pendant ou après l'opération de la poudre, surtout avant le premier ou le second repas.

Comme la plupart des maladies sont presque toujours le produit d'une dépravation inflammatoire corrosive, âcre ou brûlante. Les matières mises en mouvement et expulsées par les épuratifs produisent quelquefois sur les organes excréteurs, surtout à l'anus, après les évacuations, des excoriations semblables à l'effet d'une brûlure ; ces symptômes sont une preuve de la bonté du remède et l'un de ses meilleurs effets : il chasse alors du corps la cause du mal et la santé revient après ces évacuations brûlantes qui détruisent et expulsent la malignité des humeurs. Les effets mordicans qui se manifestent quelquefois ne sont produits que par l'acrimonie des humeurs expulsées.

Il m'est arrivé d'en donner jusqu'à 4, 8, 12, 15, 20 doses dans une journées ou dans quelques heures seulement, sans le moindre symptôme de causticité, ni d'échauffement; toujours le résultat a été très-heureux : j'avance ce fait comme une preuve irrécusable de leur grande douceur.

RÉGIME ORDINAIRE.

La nourriture se composera de soupes grasses ou maigres, avec ou sans herbages ; de viandes bouillies ou rôties, de bœuf, mouton, veau , agneau, volailles, poissons, œufs frais et de tout ce qui est de facile digestion ; le vin sera mêlé de plus de la moitié d'eau.

On doit s'abstenir des alimens trop salés, poivrés ou vinaigrés , ainsi que de toute pâtisserie, fromage, crudité , gibier de viande noire, cochon ou charcuterie, etc. Ce régime n'est de rigueur que le jour où l'on prend la poudre, et dans les cas de fièvre ; on ne donnera dans cette dernière circonstance que des bouillons et des soupes jusqu'à ce que le malade éprouve le besoins d'alimens plus solides.

Dans le cas de maladie inflammatoire, fièvre ardente ou autre affection qui excite la soif, on pourra donner, aussi souvent qu'on le voudra, de l'orgeat, de la limonade, du thé léger , de l'eau rougie avec un peu de vin , enfin quelque boisson rafraîchissante que ce soit au goût du malade ; d'ailleurs l'altération se dissipe ordinairement dès les premières doses épuratives.

CHAPITRE II.

Traitement des maladies récentes.

J'entends par *maladies récentes ;* toutes celles qui se déclarent actuelle-lement, sans aucune exception quels qu'en soient le nom, la nature, l'espèce, etc. Je range dans cette classe toutes celles qui existent depuis un mois, à l'exception de quelques-unes.

Dans ces maladies que j'appelle récentes, on donnera, le plus près possible de la présence de la maladie, une dose épurative en se conformant à ce qui est dit au chapitre premier.

Après la première dose, le malade sera traité selon que son état se rapportera à l'une des cinq positions que j'indique ci-après, et conformément à ce qui y est prescrit.

PREMIÈRE POSITION.

Le malade sera guéri dès la première dose, si l'affection n'est qu'une indisposition légère, mais il sera prudent de lui donner une seconde dose le lendemain ou le surlendemain, pour bien détruire la pourriture les obstructions ou les engorgemens qui produisent la maladie.

DEUXIÈME POSITION.

Si après la première purgation, il ne s'est manifesté aucun changement favorable, mais sans symptômes inquiétans, il suffira de donner une dose épurative tous les deux jours, pour que le malade soit bientôt rétabli.

Si au contraire, il n'y a point de sommeil, point d'appétit ; s'il y a fièvre, coliques, douleurs, difficulté de respirer, vomissement, etc., on purgera tous les jours jusqu'au retour du sommeil et de l'appétit, en laissant après ce retour, un jour d'intervalle entre les purgations jusqu'à parfaite guérison.

TROISIÈME POSITION.

Lorsque malgré les premières purgations la maladie devient plus grave, les douleurs plus aiguës ; si le dégoût, l'insomnie, la fièvre ardente ou putride, ne diminuent point ; s'il y a inflammation, altérations, tranchées, etc. on doit purger deux fois par jour, et continuer ainsi de douze en douze heures, aussi long-temps que les symptômes persistent et que les évacuations sont fétides ou vermineuses. Dès que le calme se rétablit, on supprime la purgation du soir, et l'on continue celle du matin jusqu'au retour du sommeil et de l'appétit, se conformant ensuite à l'indication de la seconde position.

QUATRIÈME POSITION.

Cette position concerne les affections dangereuses et meurtrières : telles que les rechutes de maladies, soit récentes soit chroniques, les souffrances insupportables, quelles qu'elles soient ; les fièvres malignes, accompagnées de taches pourprées, pustules, bubons, etc. ; les affections foudroyantes, l'apoplexie (sanguine ou séreuse) , la paralysie, les maladies contagieuses, épidémiques, pestilentielles, etc. Ces affections demandent qu'on mette dans leur traitement, une activité égale à la rapidité des ravages qu'elles exercent ; ainsi c'est toujours en raison progressive de la violence ou du danger des symptômes qu'on doit administrer les poudres ; on suit d'abord la seconde position s'il n'y a aucun danger pressant, ensuite on passe à la troisième position si quelque mauvais symptôme se manifeste ; enfin si la maladie prend un caractère plus grave encore, par exemple s'il y a gangrène , ou si l'affection , se portant à la tête, à la poitrine ou vers quelqu'autre partie supérieure, occasione le délire , la suffocation, les convulsions, etc., il faudra activer le traitement de la troisième position et entretenir les évacuations alvines aussi long-temps que le danger existe, en donnant une dose épurative toutes les trois ou quatre heures ; si ces évacuations ne sont pas assez promptes ni assez prononcées, on les aiderait fructueusement au moyen de lavemens purgatifs ou autres, qui sont indiqués à la fin de la cinquième position. Enfin, à mesure que les symptômes alarmans se dissipent . on éloigne la purgation dans les intervalles successifs, de six, de huit ou de douze heures ; ensuite d'un jour à l'autre, suivant que par l'amélioration de sa santé, le malade rentre dans l'une des positions précédentes. Cette quatrième position demande le régime extraordinaire indiqué ci-après.

Les maladies pestilentielles, ayant une action plus rapide et plus meurtrières que les autres affections, demandent aussi plus d'activité ; car ce n'est qu'en enlevant promptement de la circulation les matières pestiférées, qu'on peut les empêcher de se répandre et de se déposer ; on aura soin d'en commencer le traitement le plus près possible de la présence des phénomènes morbides, car si on attend trop ou même qu'on laisse passer le premier jour la guérison n'est plus certaine, les dépôts peuvent être formés et la mort inévitable. De la grande activité de ce traitement dépendra le succès de l'épuration du sang, et s'il est bien ordonné, je suis assuré que le résultat sera heureux.

CINQUIÈME POSITION.

Il arrive quelquefois qu'une dose épurative ne suffit pas pour produire les évacuations convenables et indiquées au chapitre I; il y a même des circonstances où plusieurs doses ne suffisent pas pour faire venir le malade une seule fois du corps ; cela n'a rien de dangereux, parce qu'alors le remède se trouve émoussé, neutralisé ou détruit par les matières acrimonieuses, corrosives ou brûlantes qui dominent. On ne doit pas, dans ce cas, cesser de donner d'autres doses, tant que le malade ne vient pas du corps et que sa vie est en danger ; car il arrive souvent, qu'un malade ne succombe, dans les grandes affections, que par le manque d'évacuations. On aura soin, si le danger est imminent, de donner une dose toutes les heures, jusqu'à la première selle. Sitôt que le malade est venu du corps, on suspend les doses, et l'on se conforme à ce qui est dit aux positions précédentes, selon que l'état du malade se rapproche le plus à l'une d'elles.

Lorsque la position du malade ne présente aucun symptôme dangereux, mais qu'il ne vient pas du corps, on donne une seconde dose épurative deux heures après la première ; après cette seconde dose on ne reste qu'une heure pour boire un verre d'eau panée, suivi d'un second une demi-heure après ; si dans la demi-heure qui suit la prise de ce verre d'eau, le malade n'est point venu du corps, on lui donne une troisième dose épurative, et ainsi de suite de deux en deux heures, tant que les évacuations ne se présentent pas. On pourra même éloigner la purgation et mettre, entre chaque dose, trois ou quatre heures d'intervalle, la retarder même jusqu'au lendemain, si la position du malade le permet, et si aucun danger ne se présente, et l'on secondera toutes les doses par des lavemens ; ils seront d'eau pure, autant chaude que possible ; ils pourront être aussi de décoctions émolientes. Il sera essentiel d'en préparer avec une ou deux doses épuratives, qui les rendront purgatifs et très-utiles, surtout lorsqu'il faut calmer des irritations, des spasmes nerveux, des coliques, des tranchées, des convulsions, etc.

On ne doit donner que des demi-lavemens lorsqu'ils sont purgatifs, afin que le malade puisse les garder assez long-temps pour qu'ils opèrent bien.

Régime extraordinaire.

Dans les grandes maladies, l'activité nécessaire du traitement indiqué ne permettant pas au malade de manger, on doit le soutenir par un régime succulent et adoucissant, soit par de bons bouillons de viande, dégraissés et peu salés, tant qu'il en désire, pris au lieu du verre d'eau sucrée que l'on ordonne après chaque dose, ou des autres verres de boisson.

On alternera ces bouillons par des crèmes très-légères et très-claires, de riz, de gruau, d'avoine, d'orge, de salep, de sagou, de semoule, de vermicelle, de pain cuit, etc., au goût du malade; et l'on permettra quelque peu de bon vin mêlé d'eau, lorsque le danger sera passé.

CHAPITRE III.

Traitement des maladies chroniques.

Les maladies chroniques ou anciennes sont toutes celles qui existent depuis environ trente ou quarante jours, depuis plusieurs mois, plusieurs années, celles qui existent depuis l'enfance, celles même qui attaquent l'homme avant qu'il ne soit né, sans exception de nom, d'espèce ou de symptômes. Plusieurs de ces maladies sont connues encore sous les dénominations d'affections invétérées, rebelles, incurables, héréditaires, etc.

La guérison des maladies chroniques s'obtient avec 5, 10, 15 ou 20 doses épuratives ; plus des trois quarts se dissipent avec 25, 30 ou 40 ; il en est pourtant de si anciennes, de si invétérées, compliquées et malignes, que le nombre de doses nécessaire à leur extirpation ne peut être indiqué. Lorsque les poudres épuratives ne guérissent pas quelques-unes de ces maladies, pour le traitement desquelles on a trop attendu, elles tempèrent toujours la violence du mal, en calment et en arrêtent les progrès par leur efficacité.

Quelles que soient d'ailleurs les maladies anciennes soumises au traitement des poudres épuratives, on reconnaîtra facilement, en se soumettant aux indications qui suivent, qu'aucun autre moyen curatif connu ne peut offrir plus d'avantages, ni de plus heureux résultats.

Le traitement le plus ordinaire consiste à prendre une dose épurative tous les deux jours, pendant six ou huit jours, ensuite tous les trois jours jusqu'à parfaite guérison. Les personnes qui ne sont pas trop faibles pourront suivre ce traitement ; mais celles qui sont délicates, faibles ou épuisées, commenceront par une dose tous les trois jours, elles augmenteront cet intervalle à mesure qu'elles se trouveront mieux. Plusieurs malades se sont très-bien trouvés d'une dose prise tous les jours, sans aucun intervalle de repos ; les uns pendant 4, 8, 10 jours consécutifs, et les autres pendant 15 ou 20 jours et plus, se guidant sur le bien qu'ils en ressentaient.

Toutes les fois qu'une maladie ancienne présentera des symptômes aigus, tels que douleurs insupportables, comme dans la goutte, le rhumatisme, la sciatique ou autres affections inflammatoires, ardentes, acrimonieuses ou brûlantes, les spasmes nerveux, les convulsions, la suffocation, le délire, les rechutes, les effrois, les sueurs rentrées, ainsi que tout ce qui peut mettre la vie du malade en danger, on se conformera à ce que prescrit la quatrième position du chap. II; lorsque le calme sera rétabli, on reviendra au traitement des maladies chroniques.

. L'usage d'environ 3o à 4o doses épuratives rend ordinairement la santé à plus des trois quarts des malades atteints d'affections chroniques ; ceux qui n'en sont pas entièrement guéris, peuvent continuer ou suspendre leur traitement ainsi qu'il suit, savoir : le même traitement, d'une dose épurative tous les trois jours, doit être continué par tous ceux dont la santé s'est déjà bien améliorée, par ceux dont les symptômes ou les souffrances se dissipent ou diminuent sensiblement, ainsi que par tous ceux qui se trouvent bien de cette purgation. Les autres pourront, s'ils le désirent, suspendre le traitement pendant plusieurs jours et même pendant un mois ou deux, ayant soin de prendre une dose tous les huit ou quinze jours, si quelque symptôme de leur mal en fait sentir la nécessité : après ce repos, on reprend le traitement, s'il en est besoin, et l'on continue jusqu'à l'entière guérison.

Observations.

Quelques malades se trouvent bien du repos indiqué ci-dessus, tandis que d'autres se trouvent également bien de n'en prendre que peu ou point du tout.

J'ai obtenu souvent le plus heureux succès de l'activité employée dans le traitement des maladies invétérées, rebelles, et de celles qui étaient compliquées de vices ou virus de toute espèce, soit en rapprochant les doses, soit en les augmentant pour leur donner plus d'énergie. Il est arrivé que plusieurs malades, persuadés de l'excellence des poudres épuratives, n'ont pas craint de brusquer leur traitement, les uns en prenant une dose tous les deux jours, les autres en faisant usage de cette dose tous les jours, pendant 8, 12, 20, 3o jours et plus; quelques-uns se reposaient 2 et 3 jours, après 8 ou 15 doses; plusieurs n'ont point pris de repos.

Souvent des malades ont préféré prendre leur doses, une le soir, vers 4 ou 5 heures, et une autre le lendemain matin, prenant quelquefois du repos, souvent n'en prennent pas du tout : toujours le remède a produit les meilleurs effets. Enfin il y en a qui, pour avancer leur traitement, n'ont pas craint de prendre une dose et demie et même deux doses n° 2 à la fois, quoique la dose seule de ce numéro pût les purger passablement; j'en pourrais citer qui, dans des douleurs de goutte ou autres, en ont pris deux doses à chaque intervalle de 8 heures, pendant 12 et 15 jours, sans se reposer.

Il faut toujours que l'appétit soit bon lorsqu'on se purge sans aucun jour d'intervalle; on se repose dès qu'il ne se maintient pas.

Cette variété de traitemens que je viens de citer nous démontre la douceur et l'efficacité des poudres épuratives; elle prouve aussi qu'elles ne sont contraires dans aucune circonstance, qu'avec elles on ne doit pas craindre de se tromper sur l'espèce des maladies, et qu'il est facile d'attaquer et de vaincre toutes les affections incurables, rebelles, héréditaires, etc., à l'exception de celles qui demanderaient un pouvoir plus qu'humain, comme lorsqu'il s'agit de remplacer un viscère, une membrane ou tout autre organe.

Si je ne craignais de fatiguer les personnes qui doivent lire ce petit Mémoire, je parlerais des maladies des enfans; je dirais que, par des purgatifs tels que ceux que j'ai découverts, on peut empêcher la plupart d'entre eux de succomber par l'effet des vices ou virus qu'ils apportent en naissant, et qui privent la société d'un grand nombre de citoyens, et forcent une grande partie de ceux qui résistent de se traîner dans un état maladif dans la carrière de la vie : en purgeant avec mes poudres les enfans dès leur naissance, on préviendra une infinité d'accidens, qui sont de vrais malheurs pour beaucoup de familles.

Il est inutile de rappeler ici ce que j'ai déjà dit relativement aux circonstances critiques. Les purgatifs ordinaires ne peuvent pas être administrés dans ces momens de crise ; mais les Poudres épuratives étant destinées à seconder la nature dans ses fonctions, à l'aider dans ses embarras, peuvent être employées sans crainte dans toutes les circonstances possibles. Elles rétablissent le flux menstruel lorsqu'il est supprimé ; elles expulsent et enlèvent les crudités de l'estomac ; elles sont de puissans auxiliaires dans l'état de grossesse, pendant l'accouchement et ses suites , dans les affections de poitrine depuis le rhume jusqu'à la phthisie. Je ne pourrais trop conseiller de ne point négliger ces maladies ; ce n'est que dans le principe qu'on peut espérer de les détruire , il est souvent trop tard lorsqu'on a laissé faire au mal de funestes ravages.

CHAPITRE IV.

Modèles de Traitemens.

Je donne dans ce chapitre la manière de traiter les maladies graves et meurtrières, et les rechutes des affections de toute espèce. Dans tous les cas possibles , on pourra administrer les poudres épuratives , qui ne peuvent nuire ni produire la superpugation, quel que soit le nombre de doses nécessaires pour faire cesser les symptômes alarmans, et sortir le malade de danger.

Je me contenterai de donner ci-après le traitement de quelques-unes de ces maladies.

Peste , Bubon , Charbon , Gangrène, etc.

Quoique j'aie donné le traitement de ces maladies dans la quatrième position du chapitre II, on peut être encore fort embarrassé dans le cas de bubon, tumeur, pustules, charbon et gangrène pestilentielle ou fièvres malignes ; etc. S'il y a bubon, on y appliquera l'onguent basilicum, et si l'inflammation ou les douleurs continuent, on placera un cataplasme de mie de pain bouillie dans du lait; on peut également mettre le cataplasme par dessus l'emplâtre; ce cataplasme sera renouvelé aussi souvent que les douleurs en feront sentir la nécessité. On aura soin, en même temps, pour prévenir la gangrène du charbon de donner une dose épurative chaque trois quatre ou cinq heures, suivant la gravité du mal; ce qui dissipera suffisamment la gangrène, sans qu'il soit besoin d'employer les caustiques, à moins que le charbon ne résiste à l'application de l'onguent et au traitement interne.

Je préfère que les évacuations des matières visqueuses et acrimonieuses de l'estomac soient provoquées par les poudres épuratives, qui les éloignent de la tête et de la poitrine, que par les vomissemens qui les font au contraire remonter. Ainsi, dans toutes les affections pestilentielles, fièvres malignes, contagieuses, etc., on donne le plus près possible de la présence du mal une dose épurative, et l'on se conforme ensuite aux positions du chapitre II, selon que l'état du malade se rapporte le plus de l'une d'elles.

Le meilleur de tous les préservatifs en temps de peste, est de prendre une dose épurative tous les huit et quinze jours, tant que cette maladie règne dans le pays; mais lorsqu'on se croit atteint par le mal, on doit prendre cette dose tous les matins, pendant trois ou quatre jours, et se conformant ensuite au traitement qui vient d'être indiqué pour le préservatif.

Attaques d'apoplexie et de paralysie.

Quoique ces maladies soient des affections chroniques parce qu'elles proviennent de maladies soporeuses négligées, ou d'obstructions ou engorgemens anciens, elles doivent néanmoins, à raison du danger qu'elles présentent, être traitées comme les maladies récentes et d'après la quatrième position du chapitre II. Dans l'apoplexie séreuse ou sanguine, on donnera une dose épurative le plus près possible de l'attaque, secondant cette dose par une seconde, donnée en lavement selon les prescriptions du chapitre II; quoique les évacuations soient établies, on continue de donner une dose chaque trois ou quatre heures jusqu'au retour de la connaissance. Dès que le malade a recouvré ses esprits, on

(23)

le purge seulement tous les matins pour dissiper la paralysie qui accompagne l'apoplexie; et dès qu'il peut se mouvoir, on éloigne la purgation successivement à mesure qu'il reprend son état naturel de santé.

La paralysie demande moins d'activité dans le traitement: il suffit de donner une dose épurative le plus près de l'attaque; on répète cette dose chaque douze heures ou deux fois par jour, jusqu'à ce que les parties paralysées commencent à reprendre leur mouvement : on éloigne les doses épuratives à mesure que le malade se trouve mieux.

Ces affections cèdent d'autant plus vite qu'on attend moins pour les soumettre au traitement épuratif; la guérison que je vais rapporter en est la preuve. Un artisan plus que sexagénaire fut atteint d'une hémiplégie : on lui donna une dose épurative une demie heure après l'attaque, et une seconde douze heures après la première. Il se trouva bientôt débarrassé de la langue et put se mouvoir dans son lit après les nombreuses évacuations que produisirent les deux doses. Douze heures après, on lui donna une troisième dose qui acheva de lui rendre l'usage de ses facultés.

Toutes les attaques ne se dissipent pas avec autant de facilité, il en est qui exigent quinze et vingt doses épuratives. Quoique l'âge avancé soit un obstacle à la guérison de ces affections, je pourrai néanmoins citer beaucoup de vieillards qui ont recouvré l'usage de leurs facultés, après en avoir été long-temps privés, entr'autres une dame âgée de 82 ans qui sortit de sa maison et put se promener en ville apres la septième ou huitième dose épurative.

Poisons.

Dans le cas d'empoisonnement on purgera promptement, et si les vomissemens se présentent, on les facilitera par tous les moyens connus.

Si les symptômes de l'empoisonnement n'ont rien d'inquiétant, il suffira de purger le malade tous les jours, et s'ils diminuent ou se dissipent, on ne purgera qu'une fois chaque trois jours jusqu'à parfaite guérison ; si au contraire l'état du malade offre des dangers, on le purgera chaque trois ou quatre heures, en se conformant à ce que prescrivent la quatrième et cinquième positions du chapitre II.

Rage , Morsures et Piqûres venimeuses.

On fera promptement saigner la place par des incisions dont on calmera ensuite la souffrance avec la graisse, l'huile, etc; on peut également employer le cautère actuel. On aura soin de purger le malade chaque trois heures pendant vingt-qutare heures ; si le mal n'a pas empiré où que le malade se trouve mieux, il suffira de le purger tous les matins pendant six, huit ou dix jours., et ensuite une tous les trois jours, jusqu'à guérison; lorsqu'on craint la rage, on continuera de purger tous les trois jours, jusqu'après les quarante jours.

Quelques auteurs condamnent avec raison l'usage du mercure dans les cas dont je viens de parler ; je suis persuadé que ce minéral n'a jamais contribué à guérir aucun malade, redoutant la communication de la rage par suites de morsures; les guérisons qu'on lui attribue ont été dues à quelques circonstances, reconnues capables d'empêcher la communication de la rage.

Grossesse, Accouchement et ses suites.

Les poudres épuratives font cesser tous les inconvéniens de la grossesse, soit dans le commencement, soit vers le milieu, soit à la fin. Toutes les femmes qui éprouvent des dégoûts, des coliques, des maux de cœur, des envies de vomir et celles qui ne peuvent parler jusqu'au terme de la grossesse, feront usage (pour prévenir ces accidents) de deux, trois ou quatre doses épuratives par mois, plus ou moins, selon que la nécessité s'en fera sentir. Leurs couches seront plus heureuses, et leurs enfans plus robustes; elles ne se doivent jamais faire saigner; dans les accouchemens difficiles et pénibles on donnera une dose épurative : l'usage d'une dose ou deux fait cesser tous les accidens qui suivent les couches.

La femme stérile deviendra féconde si elle fait usage de trois à quatre doses épuratives par mois, pourvu qu'il n'y ait pas chez elle vice de conformation.

Affections de poitrine.

Dans ces affections on détruira les matières morbides en donnant une dose épurative chaque deux ou trois jours, se réglant sur l'état de faiblesse et d'épuisement du malade. On doit employer les émolliens et rafraîchissans comme alimens pour la nourriture du malade ; on évitera de le gorger de tisane, peu de boisson à la fois, mais répétée.

Je crois que les vésicatoires appliqués dans les affections aux parties supérieures du corps irritent et augmentent les symptômes ; ils attirent les humeurs vers le foyer des souffrances au lieu de les en éloigner. Il n'en serait pas de même si l'on plaçait l'exutoire aux jambes, l'humeur qui y viendrait, soulagerait d'autant la partie affectée.

Goutte, Rhumatisme, Sciatique, etc.

En traitant ces affections par les épuratifs, on n'a pas à redouter que la goutte, par exemple, se porte vers les parties supérieures, comme il arrive lorsqu'on emploie les répercussifs et les narcotiques, qui peuvent occasioner les plus graves accidens, tandis que l'épuration du sang toujours en harmonie avec les fonctions vitales, éloigne utilement l'humeur goutteuse en l'expulsant par les organes excréteurs.

Toutes ces maladies ne cèdent pas également vite quand elles datent de loin, mais elles se dissipent parfaitement dans les premières années de leur apparition ; et j'en ai guéri avec moins de dix doses épuratives: c'est donc dans le principe, et dès qu'elles se déclarent, qu'il faut les détruire : *principiis obsta, serò medicina paratur.*

Je me suis toujours défié de l'emploi des palliatifs dans ces affections ; un seul désir doit occuper le médecin honnête homme, celui de la guérison, et pour l'obtenir il faut attaquer le véritable siége de la maladie.

Ce n'est donc qu'en insistant sur l'épuration du sang qu'on peut parvenir à guérir la goutte ainsi que toutes les grandes affections : si l'on adopte le traitement de l'épuration par mes poudres , on en retirera les plus grands avantages , et ces maladies , contre lesquelles on ne connaissait encore aucun remède certain , cesseront d'être le désespoir des hommes de l'art et des malades qu'elles condamnent à des souffrances violentes dont la tombe est le seul terme.

Hémorragies ou pertes de sang.

Ces maladies sont toujours le produit d'une inflammation chronique , formant des engorgemens , qui s'opposent à la circulation et occasionent le gonflement , la dilatation des vaissaux, et leur rupture ; souvent elles sont le produit d'une acrimonie corrossive qui éraille ces mêmes vaisseaux , les ronge et provoque encore leur rupture : elles ne demandent que le traitement du § 1ᵉʳ du chapitre III : ou bien celui de la troisième position du chapitre II , si la perte de sang est trop considérable , ou que les jours du malade soient en danger.

Fièvre.

La fièvre est produite par les efforts que fait le sang pour vaincre ou enlever les fluxions, infiltrations, dépôts, obstructions ou engorgements, qui le gênent dans ses fonctions, qai peuvent l'arrêter, et causer la mort. C'est donc de la mesure, de l'étendue, du siége et de la force des obstacles, que proviennent les différentes pulsations qui font reconnaître tant d'espèces diverses de fièvres.

L'application du § Iᵉʳ du chapitre III convient parfaitement à ces sortes de maladies. Observant que, dans le cas de fièvres aiguës, ardentes , inflammatoires, putrides , malignes, pestilentielles, ou de fièvre jaune, on doit plutôt suivre ce qu'indiquent les positions n° 3 et 4 du chap. II.

Les anodins, les calmans , les astringents , et les autres fébrifuges , dont le quinquina tient le premier rang, sont plus capables de fixer la matière fébrile que de la détruire ; et si par ces moyens on coupe quelquefois la fièvre, ce n'est que par la résolution de l'obstruction, sans que les matières aient été expulsées du corps; de sorte que la circulation en demeure chargée, embarrassée, et les jette sur quelque autre partie ou dans quelque cavité ; ce qui produit infailliblement les maladies de poitrine, l'engorgement des viscères, l'ictère ou la jaunisse, l'hydropisie, la phthisie, etc.

L'épuration du sang est de beaucoup préférable à ces moyens dangereux, puisque ce traitement enlève et expulse tous les engorgemens, les obstructions ou matières fébriles, sans qu'il en résulte le moindre accident.

Syphilis, ou Maladies vénériennes.

Ces maladies seront traitées par une dose épurative, chaque deux jours, et lorsque les symptômes commencent à disparaître, il suffira d'une dose tous les trois jours jusqu'à parfaite guérison.

La syphilis récente cède souvent à l'usage de cinq, dix, ou quinze doses; il en est d'autres qui en demandent un plus grand nombre. celles, par exemple, qui sont compliquées de vices ou virus galeux, dartreux, teigneux, scrophuleux, ou bien d'autres syphilis négligées ou mal guéries.

On usera, dans les jours d'intervalle, de tisanes apéritives, faites d'eau et de sel de nitre mêlé de sucre. Dans le cas de bubon, on le traitera comme le bubon pestilentiel. (Page 29.) Plusieurs personnes ont évité la suppuration du bubon, en se purgeant matin et soir aussitôt l'apparition de la tumeur. Mais lorsque le bubon est déjà douloureux ou enflammé, il marche ordinairement à la suppuration ; l'onguent basilicum suffira pour le faire mûrir, percer, couler et cicatriser.

La femme enceinte qui contracte cette maladie n'a rien à craindre pour son enfant, si elle prend une dose chaque deux jours.

Quant aux *maladies vénériennes* chroniques ou anciennes, qui ont résisté aux traitements mercuriels et autres, elles demandent pour leur traitement un usage de doses épuratives plus ou moins prolongé, quoique souvent les symptômes soient les mêmes. Par exemple, des écoulements anciens, invétérés et rebelles, que tous les traitements ordinaires et extraordinaires n'avaient pu guérir, quoique répétés quelquefois pendant des années, ont été détruits avec dix ou quinze doses, d'autrefois avec vingt ou trente ; il s'en est rencontré, quoique en petit nombre, pour lesquels il a fallu plus de cinquante doses.

Le seul usage des poudres épuratives a guéri des tumeurs, des excroissances, des crêtes de toute grosseur, des chancres, verrues, poireaux et des rétentions d'urine ; il a fait disparaître des ulcères à la matrice, communiquant quelquefois au *rectum*, où elles ouvraient des issues aux matières excrémentielles, des carnosités et des fistules, qui formaient des organes excréteurs naturels, et qui en établissaient ailleurs artificiellement ; ces maladies avaient résisté à tous les moyens curatifs connus et à tous les efforts des plus habiles médecins.

On ne peut déterminer ici le nombre de doses nécessaires pour obtenir la guérison des maladies dont je viens de parler ; car, parmi des individus atteints du même mal, avec les mêmes symptômes, depuis à peu près le même nombre d'années, les uns ont été guéris avec quinze ou vingt doses, d'autres après trente, quarante, cinquante ; quelques-uns en ont employé plus de cent.

Hypocondrie, Hystérie, Mélancolie.

Les symptômes de ces maladies sont assez connus pour que je me dispense d'en parler ; elles ont leur cause dans l'inflammation, l'engorgement ou l'obstruction des viscères abdominaux, tels que le foie, le pancréas, la rate, la matrice. Elles attaquent toutes les classes de la société et l'on ne possède contre elles que des moyens curatifs très-faibles presque toujours impuissans, puisqu'on n'en peut appliquer aucun sans empirer l'état du malade : cependant point de maladie qui soit plus répandue ; elle conduit infailliblement à la manie et à la folie, et la médecine les regarde comme incurables. Les remèdes qu'on ordonne se bornent à des infusions de feuilles d'oranger, de mélisse, d'armoise, etc. ; et pour désopiler, des parties de plaisir et des amusemens variés ; le malade ne guérit point; les progrès du mal augmentent, et l'incurabilité le condamne à la fin à des souffrances qui le conduisent au tombeau.

Il m'est doux de rassurer les victimes de ces opilations atrabilaires. Déjà mes Poudres ont rendu la santé à un grand nombre de malheureux qui souffraient depuis quinze ou vingt ans.

Le traitement qui convient à ces affections terribles est de prendre chaque deux jours une dose épurative jusqu'à grande amélioration dans la santé : on continue ensuite de prendre cette dose tous les trois ou quatre jours, jusqu'à parfaite guérison. Pour empêcher que de nouveaux engorgemens ne viennent troubler la santé, ou aura soin de se purger encore au changement de saison, pendant quelque temps ; mais si les symptômes se manifestent de nouveau , on se purgera dès leur apparition.

Plusieurs personnes, dont quelques-unes étaient faibles et délicates, se sont bien trouvées de prendre une dose épurative chaque matin, pendant quinze, vingt et trente jours.

On secondera l'effet du remède par des lavemens d'eau chaude ou de décoction émolliente.

Guérisons opérées par le seul moyen des Poudres épuratives.

Parmi les cures nombreuses dont la note est placée devant moi, je choisis celles qui m'ont paru mériter une attention plus particulière, parce qu'elles serviront à démontrer que beaucoup d'affections réputées incurables peuvent cependant être guéries.

1. Un jeune homme , âgé d'environ vingt ans, fut pris entre la roue de sa charrette et la muraille, il en résulta un désordre intestinal si considérable qu'on fut obligé d'ouvrir le ventre , d'où l'on tira beaucoup de matières bilieuses et putrides, sans soulagement et sans succès : abandonné dans un état de marasme affreux, il était près de succomber, lorsqu'on lui administra les doses épuratives. Douze ou quinze de ces doses ont enlevé toutes les matières morbides, et l'ont rendu à la santé.

2. Une dame malade d'une obstruction prodigieuse du foie, gonflement des hypocondres, etc., etc., alitée, et condamnée à

mourir dans la semaine, demanda le secours de l'épuration, le jour
même qu'on lui porta le viatique. Vingt-trois selles abondantes en matières bilieuses, glaireuses, très-fétides, furent le résultat de la première
dose n. 1 ; la fièvre cessa presque entièrement, et elle put manger sans
en être incommodée. Le lendemain, une deuxième dose produisit encore seize garde-robes de même matière ; et elle fit une masse concrète
marbrée, jaune et verte, de deux pouces de long, et demi-pouce
d'épaisseur. La fièvre cessa le même jour, l'appétit et le sommeil furent
parfaitement rétablis ; cette dame prit encore sept ou huit doses épuratives, qui lui rendirent entièrement la santé dont elle jouit depuis cinq
ans.

3. Un homme de vingt-huit ans avait été traité pour un cancer au foie,
qu'il avait très-gros et dur ; il avait aussi des ulcères à la gorge. Une consultation avait ordonné de le faire administrer, et l'avait abandonné.
Dans un pareil état, on me prie, par un billet, de venir au secours du
malade ; je ne croyais pas qu'il fût possible d'entreprendre une pareille
guérison : cependant on lui donna les poudres épuratives, et dès qu'il en
eut pris cinq à six doses, l'enflure d'un des lobes du foie disparut, et
après la neuvième ou dixième, l'autre lobe revint à son état naturel ;
enfin, après la dix-neuvième dose, il se trouva guéri, et reprit ses travaux ordinaires.

4. Un autre jeune homme de vingt-cinq ans était également traité pour
un cancer au foie produit par un vice vénérien ancien ; il était également atteint de sciatique et condamné. A la cinquième dose épurative
il se trouva grandement soulagé et vingt-trois doses l'ont rendu à la santé
et à ses occupations. Il fit une rechute par une sueur rentrée, il en aurait
péri s'il ne fût revenu aux poudres épuratives qui le guérirent encore.

5. Une femme de 36 ans avait un squirrhe très-volumiueux qui
remplissait toute la capacité de l'estomac et des hypocondres ; elle en
était gênée au point qu'elle ne pouvait plus travailler. Condamnée et
abandonnée comme incurable, elle prit les poudres épuratives tous les
deux jours pendant un mois ; elle fut d'abord beaucoup soulagée, et le
volume squirrheux se trouva grandement diminué ; elle continua l'usage

des poudres en mettant plusieurs jours d'intervalle entre chaque dose ; et après trente-cinq ou quarante, elle se trouva entièrement délivrée de sa maladie et jouit maintenant d'une parfaite santé.

6. Aux mêmes lieux qu'habite cette femme, était un homme âgé de 55 ans qui avait été sujet à des coliques violentes auxquelles succéda une tumeur à l'estomac, qui parvint à la grosseur d'un pied et demi de circonférence. On y appliqua un emplâtre qui en augmenta le volume ; le malade alla consulter à Aix où l'on promit de le guérir au moyen de l'application de 88 sangsues qui ne produisirent aucun effet satisfaisant. Une nouvelle consultation à Marseille le mit à l'usage de la teinture d'iode et de frictions sur le ventre : il ne s'en trouva pas mieux ; la tumeur descendit dans les hypocondres qui devinrent fort drus et d'un grand volume. Ce dernier traitement avait ôté l'appétit au malade et procuré des vomissemens lorsqu'il prenait de la nourriture ; enfin, lorsqu'on vint réclamer le secours de l'épuration , il était abandonné des médecins et sur le bord de la tombe où il était irrévocablement condamné à descendre ; (car dans le pays on le désigne par le nom de ressuscité). Je lui fis administrer les poudres épuratives , et les deux premières doses produisirent un grand changement et une amélioration très-sensible : il put se lever le lendemain et prendre un peu de nourriture sans être incommodé , les douleurs de ventre diminuèrent d'intensité et quarante doses environ de poudres épuratives ont tout fondu , tout dissipé : il jouit d'une santé parfaite.

Vers la fin de sa guérison se trouvant déjà bien il entreprit le voyage de Montpellier où ses affaires l'appelaient ; il s'était muni d'après mon avis , de quelques doses de mes poudres en cas d'événement ; la précaution ne fut pas inutile, car s'étant exposé à l'air froid après s'être éveillé dans la nuit couvert de sueur, une fièvre terrible se déclara et il se trouva dans un état alarmant ; il n'eut que la force d'ordonner qu'on lui préparât un verre d'eau sucré tiède, se fit apporter une dose qu'il avala : la circulation se rétablit aussitôt, la fièvre disparut, l'appétit fut bon et il reprit le chemin de sa maison en parfaite santé.

7. Sa mère , âgée de 62 ans , était atteinte depuis 22 ans d'affection nerveuse mélancolique, souffrant beaucoup de l'estomac, du ventre et de

la tête , ne pouvant dormir qu'assise et jamais plus de deux heures par nuit, elle a également trouvé la santé dans l'usage des poudres épuratives ; à la quinzième dose elle dormit dans son lit sans interruption , et quinze autres doses ont achevé de dissiper tous les symptômes de sa cruelle affection.

8. Un agriculteur âgé de 55 ans était également affecté depuis plus de 20 ans de mélancolie, que l'on supposait être le résultat des exercices violens auxquels il s'était long-temps livré ; sa position excitait la pitié. Il était forcé de se vêtir dans l'été comme dans les plus grands froids, toujours près du feu, se plaignant du ventre, et des douleurs de poitrine. Son corps était dans un abattement continuel, en proie à une violente cephalalgie accompagnée de sifflemens d'oreilles et de surdité; dévoré de tristesse et d'inquiétude, ils déraisonnait et pleurait. Les premières doses épuratives le tracassèrent beaucoup sans le décourager; il prit tous les trois jours pendant trois mois une dose et demie n° 2 ; peu à peu il quitta une partie de ses vêtemens d'hiver et put retourner à ses travaux agricoles, ayant cependant la sage précaution de faire usage de temps en temps des mêmes poudres auxquelles il a dû la santé.

9. Plusieurs aliénés, ont recouvré la raison par l'usage des poudres. Il en est qui guérissent promptement, car souvent deux ou trois doses ont fait cesser des symptômes de folie, de manie et des mouvemens invincibles de terreur qui présentaient à l'esprit du malade des objets effrayans. Il en est d'autres qui se trouvent guéris au moyen de dix, quinze ou vingt doses ; mais il en est de très-difficile à guérir et pour lesquelles il faut employer des doses très-fortes , comme deux doses du n° 2 ; encore n'opèrent-elles que peu ou point d'évacuations.

10. Des hydropisies de toute espèce ont également cédé à l'action des poudres épuratives; celle que je vais citer est une des plus remarquables. Une jeune Dame atteinte d'une hydropisie acite, suite d'un catharre pulmonaire aigu, était tourmentée depuis une année par la toux, le dégoût, les indigestions, par des coliques violentes et continuelles, accompagnées de diarrhée permanente; son mal l'avait conduite au der-

nier degré de marasme et de phthisie, condamnée à l'unanimité par quatre praticiens éclairés, il ne lui restait selon eux , que huit jours d'existence. Ce fut dans cet état qu'on voulut tenter l'effet des poudres épuratives qui lui ont rendu la vie et la santé dans l'espace de quatre à cinq mois. Environ quarante doses ont suffi pour cela ; mais comme elles n'ont été prises que par tiers et sur la fin par moitié, on peut porter à cent le nombre des purgations ; le tiers de dose produisait ordinairement de huit à quinze selles en matières jaunes, vertes, noires, visqueuses et quelquefois sanguinolentes.

11. En 1828, cette même dame fut atteinte de la varioloïde meurtrière ou pestilentielle qui a tant fait de victimes à Marseille. Dès que les médecins eurent déterminé l'espèce de cette cruelle maladie, le mari confiant aux poudres épuratives vint me consulter ; je l'assurai que son épouse ne succomberait pas s'il s'empressait de la traiter par la méthode épurative. Dès la première dose, la fièvre diminua beaucoup à la grande surprise des gens de l'art ; une seconde donnée le lendemain calma d'avantage , et à la troisième l'éruption se présenta belle et sans malignité ; huit doses dissipèrent tout , et une santé parfaite en fut le résultat.

12. Tout l'équipage d'un navire en arrivant à la Martinique fut atteint de la maladie qui règne dans cette contrée ; on donna à chaque homme une ou deux doses qui firent cesser tous les symptômes , et les rendirent tous à la santé. C'est M. Mousquet fils, de Marseille, capitaine de bâtiment marchand, qui a obtenu ce résultat. Quoique la disparition totale des symptômes après la prise des doses épuratives ne permette pas à M. Mousquet d'assurer que cette maladie était vraiment la peste, je n'hésite pas à croire qu'elles sont propres à guérir les maladies contagieuses et pestilentielles , pourvu qu'elles soient traitées dans leur principe , en suivant la manière indiqnée dans ce Mémoire.

13. Une jeune fille de cinq ans eut la main écrasée sous la roue d'une voiture : quatorze jours après on me l'apporta, parce qu'on devait dans trois jours faire l'amputation, la main étant noire et gangrenée : je lui fis administrer deux doses épuratives par jour (une le matin, l'autre le soir), et dans deux jours ce qui était gangrené se détacha et tomba sans

autre secours , le pouce, l'index et une phalange du medius furent conservés sains ; trois ou quatre doses ont achevé la guérison.

14. Parmi les épileptiques guéris, les uns n'éprouvent d'abord aucun changement pendant bon nombre de doses, d'autres en ressentent tout de suite les bons effets par l'éloignement des paroxismes, la diminution de leur durée et de leur force; il s'en est trouvé qui ne sont plus tombés dès la première dose épurative, j'en pourrais citer de ces derniers dans tous les âges, jusqu'au-delà de 60 ans, il est vrai que leur nombre est inférieur à celui de ceux qu'il faut traiter pendant un peu plus long-temps.

15. Des polypes au nez, des affections cérébrales de toute espèce, qui provoquaient l'éternuement chez les uns , suffoquaient ou arrêtaient la respiration chez les autres ; qui en forçaient plusieurs à dormir dans une position verticale , qui en privaient beaucoup du sommeil, tous ont été guéris par le seul usage des poudres épuratives qui ont fondu les polypes et fait sortir du cerveau des engorgemens ou dépôts de sang, de pus et des espèces de membranes pleines de matières épaisses, visqueuses , etc. Ces maladies avaient résisté pendant bon nombre d'années à tous les traitemens ordinaires.

16. Des plaies , des ulcères , fistules , écoulemens purulens dans toutes les parties du corps, des jambes livides, presque pourries , couvertes de tumeurs, des genoux tuméfiés , répandant une odeur infecte , d'autres très-dures et que rien n'avait pu fondre ; des érysipèles , des nodus , des exostoses et beaucoup d'autres affections de ce genre qui avaient toujours mis la science en défaut, ont été guéris par mes poudres.

17. Parmi les hémorragies ou pertes de sang remarquables, je citerai une dame d'un âge assez avancé, qui était atteinte depuis dix-huit mois d'une gastro - antéro - colite (ou inflammation de l'estomac et de l'intestin grêle); elle faisait tous les jours par le fondement jusqu'à trois ou quatre pots pleins de matières sanguinolentes ; aucun secours n'ayant pu arrêter cette dyssenterie elle se trouvait dans un état de suffocation, de dépérissement, de marasme ou de phthisie, qui ne lui permettait plus de compter sur sa guérison. On lui donna cependant les poudres épuratives, et dès la première dose elle mangea plus qu'elle

n'avait fait depuis deux ans sans en être incommodée : à la seconde dose la perte diminua beaucoup; tous les jours le mieux devint sensible, la perte moindre, le sommeil et l'appétit meilleurs, et après quatre mois de ce traitement elle reprit son embompoint ordinaire, qu'elle conserve depuis.

18. Une demoiselle de 20 ans était tourmentée par un vomissement de sang que rien n'avait pu arrêter pendant une année : ses menstrues étaient supprimées depuis ce temps, et elle se trouvait menacée de phthisie. Sept doses épuratives prises dans vingt jours, ont rétabli les règles et fait cesser le vomissement.

19. Un homme de 45 ans environ était atteint depuis 14 ans, d'une hémorragie postérieure, produite par une inflammation du canal alimentaire qui l'excitait à boire continuellement sans que rien pût tarir la soif qui le dévorait; il était dans un état déplorable, lorsqu'il se traita par les poudres épuratives qui ont rétabli sa santé. La perte occasionée par la maladie était quelquefois continue, et d'autrefois périodique, comme de trois en trois mois ; mais elle était alors si abondante qu'on ne conçoit pas comment la nature pouvait remplacer le fluide dans des espaces aussi courts. Dès les premières doses épuratives, la soif fut dissipée, la perte bien diminuée et il reprit ses forces ; cette perte s'est montrée rebelle et a reparu plusieurs fois dans l'année de sa guérison, néanmoins elle a été détruite par environ 60 doses prises dans l'espace de 15 mois : depuis plusieurs années le malade jouit d'une bonne santé.

20. J'ai déjà, dans ce Mémoire, parlé des syphilis récentes, chroniques et compliquées ; j'ai dit qu'on les guérit toutes radicalement par mes poudres ; j'en ai acquis la preuve par les nombreuses cures que j'ai obtenues. Pour les vices ou virus galeux, teigneux, dartreux, scrophuleux, etc., je citerai d'abord un jeune homme de 12 ans, dont le corps était couvert de pustules provenant d'une mauvaise gale que ses père et mère lui avaient transmise. Aucun remède n'avait pu rien faire contre ces pustules, plus de cent bains de vapeur n'avaient produit aucun changement favorable, ils avaient même empiré son mal. Cette maladie a opposé une tenacité qui n'a cédé qu'à l'usage de cent cinquante doses épu-

ratives , dont chaque prise se composait d'une dose et demie n° 2, qui
ne produisait que deux ou trois selles ; il faut ajouter que l'humeur ga-
leuse se trouvait compliquée d'un vice ou virus teigneux ; car trois autres
enfans ses frère et sœurs, plus jeunes que lui, étaient affectés de cette
dernière maladie de laquelle ils ont été guéris bien avant lui au moyen
de soixante doses épuratives pour les trois.

21. Deux jeunes filles, l'une de 11 ans et l'autre de 4, perdaient la vue
par une humeur teigneuse des plus corrossives qui s'y étaient fixée ; quoique ces deux maladies présentassent les mêmes symptômes, et qu'elles
fussent de même nature, il y eut cependant une grande différence dans
leur traitement. La plus âgée fut entièrement délivrée de ses maux avec
quinze doses épuratives, tandis que l'autre en eut besoin de cinquante ;
encore chaque prise se composait de dose et demie n° 2 , et quelquefois
de deux doses, qui n'obtenaient guère que deux ou trois selles. J'ai guéri
par le même moyen encore beaucoup de personnes qui perdaient la vue
ou qui l'avaient fort affaiblie ; des écoulements purulents , lymphatiques
très-brûlans qui éraillaient les paupières , des fistules lacrymales , des
taches aux yeux, etc. , n'ont pu résister à l'effet de mes poudres.

22. Parmi les scrophuleux, un garçon de sept à huit ans a été obligé
de prendre les poudres épuratives par prises d'une dose et demie, quelquefois deux doses (n° 2), qui ne produisaient que deux ou trois selles.
Il est à remarquer que ceux qui sont évacués difficilement guérissent
plus lentement que les autres ; car, pour délivrer celui dont je parle d'une
plaie à la jambe et de deux fistules à la cuisse, il a fallu plus de doses
que pour guérir l'enfant de quatre ans dont je viens de faire mention.

23. Les affections dartreuses , si difficiles à guérir ordinairement,
cèdent assez souvent à l'usage de huit à quinze doses, et les plus rebelles ,
les plus invétérées , telles que j'en pourrais citer beaucoup, qui cou-
vraient entièrement le corps des individus, par pustules, croûtes,
écailles, farine, et les faisaient ressembler à de vrais lépreux , n'ont pas
demandé plus de quarante à soixante doses pour être entièrement
guéries.

24. Parmi les affections de poitrine, un grand nombre d'individus de
tout âge et de tout sexe, condamnés et abandonnés, ont recouvré la

santé par mes poudres. Plusieurs ont été délivrés de la toux et du cra-
chement de sang, et d'autres symptômes de pulmonie, avec trois ou
quatre doses seulement. Il s'opère quelquefois des phénomènes ou des
crises heureuses déterminées par mes poudres, qui sauvent la vie à des
phthisiques au dernier degré. Les guérisons que je vais rapporter sont
une preuve de ce que j'avance. Une femme de trente ans, qu'on s'atten-
dait à voir rendre à chaque instant le dernier soupir, fut délivrée par le
vomissement, après la troisième dose épurative, d'une énorme quantité
de matière purulentes et sanguinolentes ; la toux cessa aussitôt, et tous
les autres symptômes de phthisie disparurent. Deux autres doses la rendirent à la santé. Depuis cette époque, elle est devenue mère, et s'est
bien portée. Une autre femme, âgée de vingt-cinq ans, évacua par le
fondement, dès la première dose, une masse de petits vers qui aurait
rempli un demi-litre, elle en fit encore d'autres dans la même journée,
et trois jours après, en prenant la seconde dose, mais après la cinquième, elle rendit par le vomissement un dépôt de matières épaisses,
visqueuses et fétides, ainsi qu'une espèce de peau ou membrane, en
forme de sac, qui contenait le dépôt. Dès lors les symptômes de phthisie
cessèrent entièrement.

25. Le père d'une famille nombreuse, âgé d'environ cinquante ans,
était condamné par les médecins et administré, par suite d'un catarrhe
pulmonaire ancien. On prétendait qu'il avait rendu les poumons par les
crachats qu'il faisait abondamment en pus sanglant. Toux convulsive,
extinction de voix, sueurs abondantes, dégoût, insomnie, diarrhée,
faiblesse et maigreur extrêmes, tout annonçait une fin prochaine, lorsqu'il fut mis à l'usage des poudres épuratives, dont quinze doses l'ont
rendu à la santé, à sa famille et à ses travaux. Les dernières doses firent
évacuer par le fondement beaucoup de pierres, qu'il a conservées au
nombre de cinquante.

Deux ans après, il retomba dans le même état, et ne voulut pas faire
usage des poudres ; car on lui avait persuadé qu'il n'avait été que blanchi,
et qu'il paierait cher sa guérison. Cependant sa fille, que les poudres
avaient déjà guérie d'une affection de poitrine dont elle avait craint de
mourir, témoigna ses craintes sur la maladie de son père et sur l'état de

dépérissement dans lequel il se trouvait ; elle consulta , et apprit que la maladie était des plus graves, et que six mois de traitement ordinaire n'assureraient pas sa guérison ; effrayée, elle détermina son père à prendre encore le remède qui les avait déjà guéris tous deux ; et huit ou dix doses, données de trois en trois jours, l'ont rendu une seconde fois à la vie, en le débarrassant encore de quelques pierres.

26. Ce sujet me rappelle un jeune homme de 20 ans qui ne pouvait uriner et auquel on donna les poudres , qui firent sortir avec force une pierre qui alla frapper le mur qui était devant lui, et l'urine passa avec rapidité. Il y eut encore difficulté d'uriner, et de nouvelles doses épuratives firent sortir successivement six pierres de la grosseur et de la forme d'un pois ordinaire, ayant des facettes, quelques-unes avec des cassures. Une d'entre elles ne ressemble point aux autres, elle est de la forme et de la grosseur d'un haricot, pesant 15 grains (85 centigrammes), un des côtés plats est graveleux, et semble avoir été détaché d'une masse plus grande qui enveloppait le pourtour ; l'autre côté est d'un brun-roux assez uni, assez ordinaire à ces sortes de concrétions. L'individu a continué de prendre les poudres pour épuiser le calcul, et il a fait du sable en quantité, mais plus de pierres.

Beaucoup d'autres malades de ce genre ont été guéris de la même manière ; les uns ont rendu beaucoup de glaires, d'autres du sable, et souvent du gravier, quelquefois des matières grises façonnées en spirale, et cassées par petits morceaux. Un homme déjà avancé en âge fit une quantité d'urines qui se durcissaient dans le vase peu de temps après ; cette masse frappée avec le marteau se pulvérisait comme du plâtre.

27. Une quantité innombrable de malheureux, perclus de tout le corps ou de quelques membres, gardant le lit , ou se traînant péniblement sur des crosses à la suite d'attaques d'apoplexie et de paralysie , ont repris l'usage de leurs membres et jeté leurs béquilles par le seul moyen des poudres épuratives, quoique beaucoup d'entre eux fussent dans cet état de misère depuis plusieurs années. Dans ces affections le rétablissement est d'autant plus prompt qu'il y a moins de temps qu'il est affecté et que le sujet est moins avancé en âge. Voici en exemple la guérison d'une paralysie récente, qui fut guérie comme par enchantement avec trois doses épuratives données en vingt-quatre heures.

Un artisan plus que sexagénaire, atteint d'une hemiplégie, auquel on donna, immédiatement après l'attaque, deux doses épuratives, à douze heures d'intervalles, se trouva déjà débarrassé de la langue, et put se mouvoir dans son lit, après les nombreuses évacuations que produïsirent ces deux doses. Douze heures après la seconde dose, on lui en donna une troisième, qui acheva de lui rendre toutes ses facultés. Toutes les attaques ne cèdent pas cependant avec autant de facilité ; plusieurs demandent quinze ou vingt doses, et plus.

28. Les trois guérisons que je vais citer ont demandé de grandes quantités de poudre pour obtenir le succès désiré.

Une femme âgée de cinquante ans avait les boyaux noués, le ventre gros, tendu, et vomissait depuis sept jours tous les alimens et les remèdes qu'on lui donnait. On lui fit prendre une dose épurative qui calma beaucoup et arrêta le vomissement sans produire de selles : deux heures après, on lui en donna une seconde, qui ne produisit encore aucun effet ; on continua les doses jusqu'au nombre de six, sans obtenir la moindre évacuation : mais comme le ventre avait diminué, que la malade était tranquille, et qu'elle dormait bien, on ne lui donna plus rien. (On ne put faire passer aucun lavement.) On la mallaxa pendant deux jours encore pour dénouer, et ayant réussi, elle rendit abondamment tous les médicamens, ainsi que ce que ce qu'elle avait pris pour nourriture, et fut guérie sans la moindre incommodité.

29. Un jeune homme d'environ vingt ans, atteint de douleurs de reins, et d'une sciatique aiguë, suffocation et bile répandue, ne put évacuer qu'après avoir pris 12 doses épuratives, données aux intervalles d'une heure et demie ; cependant, malgré que les évacuations n'eussent pas lieu, il éprouvait néanmoins de chaque dose une amélioration très - sensible dans son état, et après celles qui suivirent en grand nombre la dixième dose, il n'y eut plus d'inflammation ni douleur ; il dormit la nuit, et mangea bien le lendemain.

30. Un homme de vingt-huit ans, tourmenté depuis un an par une affection nerveuse extraordinaire, jointe à un feu insupportable, n'avait

pu trouver aucun soulagement à ses souffrances dans les secours connus ni par les essais qu'on avait tentés. Le feu qu'il ressentait montait lentement des pieds à la tête, et redescendait successivement, sans interruption, chaque fois que la serosité brûlante changeait de place, le malheureux s'écriait : *O mon Dieu, comme on me brûle les pieds ! comme on me brûle les jambes, les genoux ! etc.*, et ces cris qui ne cessaient point, portaient la consternation dans sa famille et dans son voisinage. Quelquefois il priait son père de le tuer, afin qu'il fût délivré de ses maux.

Indépendamment de cette inflammation terrible, il était dans un état de spasme des plus violents, toujours couché, il s'agitait continuellement, en s'élançant d'une muraille à l'autre de sa chambre, contre lesquelles il serait venu se briser si l'on n'eût eu la précaution de les matelasser, et d'en couvrir le plancher ; il ne pouvait manger ni boire chaud, ni prendre aucun remède sans ressentir ses souffrances redoubler ; les bains chauds ou froids, la glace, les émolliens, et les adoucissans produisaient le même effet, ainsi que les anti-spasmodiques, les saignées aux bras et aux pieds ; enfin, il était condamné, abandonné et renvoyé de l'hôpital-général de Marseille comme incurable, lorsqu'on lui donna les poudres épuratives. Il en prit d'abord douze doses avec peu de succès, parce qu'on les lui avait données à des intervalles trop éloignés ; alors j'en fis donner une dose double (n° 2.), toutes les heures, jusqu'à ce qu'il eût évacué ; je recommandai d'en donner même après les premières selles, toutes les douze heures, s'il n'était pas encore calmé, aussi long-temps que les souffrances n'auraient pas diminué.

On fut obligé de lui donner douze *doubles doses*, dans l'espace de douze heures, pour obtenir le résultat attendu et le calmer. Pendant ce temps, le corps demeurait toujours dans un état convulsif comme avant la cessation des souffrances ; mais au moyen d'une dose et demie, prise régulièrement tous les trois jours, et qui produisait de nombreuses évacuations, âcres, corrosives ou brûlantes, cette grande irritation fut dissipée entièrement. Environ cent doses épuratives lui ont rendu une santé parfaite, sans qu'il lui soit resté la plus légère agitation dans les nerfs, ni le moindre ressentiment de son mal. Pendant son traitement, il reprit son embompoint, qui avait entièrement disparu, et depuis quatre ans qu'il est guéri, il est devenu le plus vigoureux de sa contrée.

31. Une femme d'environ trente ans, malade depuis sept ans, souffrait beaucoup des reins, des hypocondres et de la matrice; l'inflammation de cette dernière partie avec perte puriforme et sanguinolente, annonçait la lésion ou l'ulcération dont elle était affectée; les autres symptômes caractérisaient la phthisie au dernier degré; car l'insomnie, le dégoût, la toux, le point de côté, les sueurs abondantes, la suppression des règles, et une maigreur extrême, ne permettaient pas d'en douter.

L'usage des poudres épuratives pendant un mois avait rétabli en partie sa santé; la toux et le point de côté avaient disparu; le sommeil et l'appétit étaient revenus, et les règles avaient reparu. Se croyant guérie, elle fit, par imprudence, une rechute qui devait être mortelle. Le jour de la douzième dose, se trouvant parfaitement bien, elle crut pouvoir satisfaire sans danger l'envie démesurée qu'elle avait depuis long-temps de se laver le corps à l'eau froide, pensant qu'à raison des fortes chaleurs (fin juillet 1825), il ne pouvait en résulter aucun inconvénient : elle fut bientôt cruellement détrompée; car elle éprouva d'abord de fortes bouffées de chaleur, qui se changèrent ensuite en convulsions et douleurs si aiguës qu'elle ne pouvait se mouvoir ni être touchée sans jeter des cris perçans. Une dose épurative, donnée dans cette circonstance, aurait suffi pour tout dissiper, et rétablir la circulation ; mais influencée par ses voisines, qui accusaient la poudre de la rechute que le bain avait provoquée, la malade refusa d'employer ce moyen si efficace; on alla réclamer d'autres secours, qui, pendant quatre jours, n'apportèrent aucun soulagement. Voyant sa femme perdue, le mari se décida à recourir aux épuratifs ; je les aurais refusés dans cette circonstance, si j'eusse eu une moindre expérience de leurs propriétés ; j'aurais craint de m'attirer le blâme, en me faisant attribuer par les ignorans la mort de cette femme. Je les donnai cependant, tant pour satisfaire ma conscience que pour remplir un devoir.

On donna à la malade *dix-huit doses* n° 1, en trente heures, ne mettant d'abord qu'une heure d'intervalle entre chaque dose, et ensuite deux heures, lorsque les convulsions, les coliques et les grandes souffrances furent passées ou calmées; ces dix-huit purgatifs n'obtinrent cependant aucune évacuation, quoiqu'on les secondât par un grand nombre de lavemens, dont six furent préparés avec une forte dose épurative; elle les rendit tous tels qu'ils avaient été donnés. Le calme que procurait chaque dose encourageait la malade à les prendre; mais se trouvant bien après la dix-huitième, elle se prétendit guérie, et ne voulut plus rien. Elle demeura six jours avec ces purgatifs dans le corps, sans rien rendre ni sans faire connaître sa position; pendant ce temps elle fut très-calme, ayant bon appétit, et dormant bien; mais le sixième jour, les coliques et les douleurs de reins reprenant assez vivement, on revint aux poudres; on lui en donna d'abord une dose en lavement, et le calme se rétablit. On lui en fit bientôt prendre une seconde dose, qui fut suivie d'une troisième deux heures après, et celle-ci d'une quatrième en lavement, et une demi-heure après, elle fut copieusement évacuée; les matières étaient dures et d'odeur fétide; elle fit une masse de la grosseur du poing, qui n'était qu'un seul ver très-gros.

Elle s'est long-temps ressentie de cette rechute, ainsi que de son état cachectique; et l'ulcération de la matrice n'a cédé que difficilement; car sa maigreur extrême, sa grande faiblesse et son épuisement ne permettaient pas de lui donner la poudre aussi souvent que sa mauvaise position l'aurait demandé. Elle a pris environ quatre-vingts doses en deux ans, au moyen desquelles elle n'a plus rien ressenti.

Au moment où je termine mon Mémoire, je reçois de Gardanne, Bouches-du-Rhône, une lettre que je crois nécessaire de transcrire ici; elle contient le détail d'une guérison opérée par mes poudres :

Monsieur,

« Je vous annonce avec plaisir que mon frère, de qui M. de P. vous avait parlé, et pour qui je suis allé vous voir à St.-Geniès, s'est trouvé bien après avoir pris deux de vos paquets n° 1, en quatre fois.

« Les médecins l'avaient condamné, parce qu'ils croyaient qu'il y avait lésion au *colon;* le résultat de votre remède a prouvé qu'il n'y avait que grande tension ou irritation dans le genre nerveux. Je dois vous dire aussi que la première dose (un demi-paquet) que mon frère prit, produisit une transpiration assez forte, donna trois évacuations de nature bilieuse, et que l'homme de l'art fut surpris de l'état de son boyau, qui ne se sentait presque plus. Enfin, une lettre que je reçois du 9 du courant me dit que le malade va aussi bien qu'on peut le désirer. Il y avait trois mois qu'il ne dormait ni ne mangeait ; à présent, il dort et a faim.

« Croyez-vous qu'il doive prendre encore long-temps de votre poudre ? Il est encore très-faible ; car il ressemblait à un mort, et avait perdu toutes ses chairs, lorsque je le quittai à Pignau, le 28 janvier, lendemain de la première prise de la poudre. Je ne cesse de faire l'éloge bien mérité de votre poudre, etc. »

Tel est le résultat de la découverte que je présente à la France et au Gouvernement. Vingt-cinq années d'expérience m'ont assuré que les effets de mes poudres sont toujours bienfaisans. En favorisant l'auteur de ce remède, le Gouvernement rendra un service signalé à l'humanité. Ce service serait immense, quand on se bornerait à lui permettre la seule guérison des maladies incurables ; par ce moyen on ferait rentrer utilement dans la société une foule d'êtres que les infirmités ont placés dans un état de nullité et de souffrance, dont la tombe est le seul terme.

J'espère qu'on ne négligera pas les avantages qu'on pourrait retirer de la découverte que je soumets à l'examen de ceux qui peuvent en calculer tous les résultats, et apprécier les avantages que le Gouvernement lui-même pourrait en retirer en l'appliquant à ses hôpitaux militaires. Quelque peu croyable que paraisse ce que j'avance, j'espère qu'on ne me refusera pas de faire l'essai de mes poudres ; nous ne sommes plus dans le siècle où Galilée fut emprisonné pour avoir trouvé un système vrai, mais qui paraissait alors peu croyable.

Signé LABOUREY,
Chimiste.

PARIS. — IMPRIMERIE DE BÉTHUNE, RUE PALATINE, N. 5.